7월의 양귀비

강지영

 시인의 말

나는 끝없이 맑음에 머물러야 한다.
우리의 만남은 오묘하고
나에게 온 사랑은
양귀비를 꿈으로 물들였다.

2025년 여름
강지영

차례

제1부 꽃잎들을 그림같이 떨군다

반사체의 기억	11
빈 공간	13
나는 시간이고 그는 흘러간다	15
잘 숙성된 와인	17
달의 도시	18
창경궁 나무	19
낮 동안	21
샘터, 당신에게	22
인연	23
착각과 혼란은	24
꽃차	25
장미의 영혼	26
올리브	27

제2부 여기 오래 있었던 묘목이

7월의 양귀비	31
별	33
떠나보낸다	35
사랑은 쓰고	37
구름이여	39
흐르는 강물처럼	40
석양빛 자몽빛	41
봄날의 부름에	43
내 노래를 듣는 사람	45
마지막 항구	46
각득기소	48
창가 앞에서	50
미지의 세계	52
시간의 흐름 사이	54
모과	56

제3부 너는 입김처럼 피어난다

윤슬	59
방어막	60
물색	62
당신은	63
토성	64
삼손	66
너와 나는	67
고궁에 물들다	68
화성의 밤기운	69
반 고흐, 별이 빛나는 밤	71
천정벽화	72

제4부 환한 달이 꽃에 배어든다

당신의 입구에서	75
미완성	77
잔해	78
길	80
진달래	82
드뷔시의 달빛처럼	84
정원에서, 노란장미	86
보석이 박힌 거북이	88
반지	89
백조자리	91
그림의 여운	93
황금장미	95
Raffinée	96
양귀비	98

해설

새로운 흐름 자체가 되는 삶과 존재를 향한 빛나는 열정   103
- 권온(문학평론가, 문학박사)

제1부 꽃잎들을 그림같이 떨군다

반사체의 기억

무엇에도 끌려가지 않으려고
이어 붙인 그림자 위에 정박하네
떠가는 것들은 시간
야광운은 느리게 오는 시간
파르르 떠는 눈을 털면
담대한 척 신이 펼쳐놓은 일 위에 서 있네
순간을 꿈꾸는 폭죽
내일 살아가는 것은 이미 환하다네
빛은 그런 모습으로 존재했듯이
나도 시간으로 존재하네

밝고 푸른 날개의
그림자가 검은색인 것처럼
감동의 소등은 희미해진다
희미해져도 사라지지 않을 뿐
내가 떨어진다고 하는 곳은
충만한 별이
장미 다발처럼 묶여있다는 곳
나의 잎은 마지막 바람을 기다리네
받을 것을 향해가는 사공도 있고

해진 뒤 제 몫을 다 내어주고는…
빈손으로 오는 사공도 있다

물에 물고기를 맡기려면 대담해야지
지겹도록 들려주어야 물결이 되지
은은한 반사체가 쓰다듬는
해안 위로 침묵은 붉은색
나는 보라색 그림자
뻗은 두 팔은 자유롭고 안온하다네
생각의 그물에 걸린 다면체
다시 그윽한 빛을 받는 찻잔처럼
창가는 나비처럼
겨울을 모르고
봄이 지나는 걸 모르는
피아노 덮개처럼
나는 왜 여기에 있었는지
묻는 것보다 필요했던 것은
나의 꿈, 아랫입술 위로 흘러나오는 꿈
태양 앞에 향유처럼
이 문장은 늦은 저녁도 이른 아침도 아니므로

빈 공간

하루가 끝나가는 저녁에야
의미를 아는 지난밤의 노력은
오늘 아침의 따뜻한 인상 같아.
낯선 도시에서 창밖을 내다보면
그리움은 흐르는 시간 속의
낮과 밤처럼 다가오고
저 빈 공간, 지난밤 꿈은
어긋나버렸는지
비어 있는 고급상가,
주택단지들이 즐비하다.

들어올 사람을 기다리는
그 답답한 표정과 눈빛
그저 바람 한마디 말고는 끝도 없다.

일부 도시개발 과정,
고급 주택이나 상가의 집세,
가겟세에 밀려난 표정을 짓고는
나무만 덩그러니 서 있다.
새가 머무르는 자리가 되어주는

보드라운 인상을 하고는

노력하는 사람,
그렇지 않은 사람이 있어.
너를 볼 정신이 없었지만
어느새 이만큼 들어와 버렸구나.
내 노력, 조각글과 함께 쉬다가
이렇게 다 바라보고 있어도
텅 빈 자리 관대함으로 채우려 하는데
저 빛은 세상을 환하게 비추어줄 뿐
그 무엇에도 담기는 것은 아니었다.
그리고 내 눈동자는 여전히
끝없이 이루어지길 바라는
지평선처럼…

나는 시간이고 그는 흘러간다

바뀌지 않는 건
시간은 인내심이
한 세월이었다
지난날 하얀 꽃봉오리
자기 발치에 놓여있던
노을빛을 모르진 않는다
나는 시간이고 그는 흘러간다

흐르는 시간 속에
겨울을 버틴 담청색 물결
시간은 더디더니
면역력이 생겨나 이제
이러한 모습을 취하는
그대도 견딜 수 있네
청매화가 마감한 자리

그는 세상 한가운데 홀로
추위에 떨다 흐트러지는
매화 같을 것
내가 있어야 그대도
완연해진 봄을 느끼며

흘러갈 것 아닌가
나는 시간이고 그는 흘러간다

잘 숙성된 와인

느닷없이 다가온 여름 같은
붉은 과실 향이 지속되어요

당신의 사랑이 외부 공기와 접촉해
발효시킨 태양이 되었나
한낮 투숙객처럼 이 마음 부풀다가
곧 가을 풀에 뒤섞인 듯
아쉬움을 내비친 석양빛으로 내려오네

내가 그대를 어떻게 불렀죠?
잘 숙성된 와인

포도주를 숙성시키듯 사랑을 숙성시켜라
물과 같아 마를 수 있으니 채우고 또 채워라

달의 도시

저녁 물결이 이끌어내는 바람과 같아서
나의 기대로 피어나는 모습은
폭죽과도 같아서
그런 바람과 폭죽을 나의 배낭에 넣고
반딧불처럼, 달 같은 당신이
지나온 길을 향해 출발합니다

창경궁 나무

냉소적인 바람은
꽃잎들을 그림같이 떨군다
어느 지점과 만나면
나를 진지하게 받아들인다
지금도 몸에 밴 습관처럼
움직이는 것들 사이에서
멈춰진 것을 관찰한다

그저 느슨해진 자전거를 조이는데
그 사이만큼은 시간을 따라가는
시곗바늘에서 벗어난 것 같았다

쉬이 내가 달라졌다고도
말하지 못할 것이다
이곳의 풍경도 벚꽃과 함께
수많은 것들을 만났지만
그도 나도 변하지 않은 것은
고향 말씨였다
담에 떨어진 매화잎처럼
옛것을 두드린다

푸르렀던 나무는 닫힌 문의 평정에
적응했는지 스산해졌고
떨어지는 해는
아직 적응하지 못했는지
고향의 황금빛처럼 물들인다

기와지붕과
단청의 우아함이 빚어낸 빛처럼
영원성의 나무로 서 있기를…

낮 동안

달무리가 되어 나의 길을 가야겠다
또 다른 계절은 나를 자유롭게 하니
헤어짐도 나를 풀어놓네
태양을 따라가려면 밤이 되지 말아야겠다
물비늘이 되어 오늘 낮에 그를 바라봐야겠다

샘터, 당신에게

내 마음속에 아름다운 언어가
언제나 숨결처럼 나풀거리고
내 입가에 희망의 나비
날아든다네
네 이름은 샘터에 깃든
영롱한 별들의 무리
별도 담고 달도 담고
모든 것을 담아낼 수 있다네
영롱함이 물가에서 울려 퍼진다
네 정신은 하늘에서 떨어지는 물방울같이
빠른 속도로 그것들을 인지하고
그러한 지성은 사실을 알기에
상처나 충격에도 민감하지만

네 입가에 은은한 미소가 스치면
희망의 나비가 날아든다네

인연

이 그리움을 풀어내면 바닷길이 된다
결국 그 바다 안의 고동 소리를 만나고
영혼의 고동 소리가 나의 꿈을 흡수하면
발을 헛디디며 그 순간이 사라진다

신이 꽃잎 하나 떼어내 너의 깃털로 빚으신 걸까
나의 얼굴에 한들거리는 저 높은 곳의 날갯짓

착각과 혼란은

검은 파도의 평면 위로
등대의 불빛이 너울진다
차갑게 식은 심장과 망명 중인 별들
누군가 속삭이듯 조각난 심장으로 노래하네
짙은 어두움에서부터
맥베스 부인의 노래처럼 바다를 울리듯이
그의 내면은 오직 왕관에 기울어져 있고
빛과 악몽이 양쪽 저울 위에 달려 있다

착각과 혼란은 내 악몽에서 일어난다

착각은 차갑기 때문에 좋다
혼란은 어지럽기 때문에 좋다
아픔은 시들어가는 꽃처럼 현명하다

낮에는 빛이 전부 담고 있었는데
어둠 속에서 나한테 담긴 건 빛이었다
아플수록 빛을 더 잡으려 하니
그 빛의 정교한 눈망울이
내 착각과 혼란을 모두 가져가고
다시 투명하게 만든다네

꽃차

내 생각이 확실히 드러나듯이
꼿꼿하게 피어납니다
약간의 꽃잎이 많은 효과를
우려내듯이

어제 본 노을은 허영심
오늘 본 노을은 마음의 격변
친구들의 대화 속에서 나와버렸어요
무심 속으로 꽃잎이 번지기에

무엇보다도 지금은
자신감이 붙었어요
내 마음, 여기에 있어요
책 속에 담긴 글자 안에
바로 정면에서 직시하는 이 꽃잎에

순진한 생각으로 당신에게 갔습니다
아무것도 바라지 않는 마음으로
내 사랑은 허영심 같았지만

장미의 영혼

꽃이 시들어간다는 걸
모르고 싶은 마음일 때라면
하늘을 내 것처럼 나만 보고 싶을 때라면
다른 꽃말로도 다시 꿈꿀 수 있을까
미지에 띈 시인의 미소처럼
말없이 빠져드는 것을
어지러운 시차 속에서도
단순한 새벽녘 별 같은
너의 사랑.

이렇게 잔잔하게 깊이 박혀있는데,
넌 누구의 마음에 떨어지는 별이냐
하늘 높이에서 불꽃이 빛나다가
이내 잦아들어,
풀잎 같은 네 눈 속에서
봄이 생겨난 날부터
뜨겁게 타오르다 희미해졌어도
그대에게 스며드는 향기 되었는지
이내 아픔도 잊혀져

올리브

그대는 올리브 열매를 따고
휩쓸려 나가는 것은 나의 허망을 느낍니다
나풀거리는 하나의 숨결처럼
한밤을 말하는 것도
어디론가 달려가는 달의 얼굴도 허망하지만
그대가 내 마음에 이르기까지
독은 독이 아니고
달도 별도 없는 밤이
어둠이 되지 않았습니다
허공 흔적 중에
하나둘 쌓이는 부스러기
하얀 눈발의 하늘가를 모두 임에게 열어둡니다
임을 보며 맑게 채우고 또 채우는 마음입니다
무제의 광주리는 세월을 나르니
나는 그대를 바라봄으로 마음이 차분해집니다

제2부 여기 오래 있었던 묘목이

7월의 양귀비*

양귀비의 독이 비난받아야 하는 것이 아니다
이 독을 잘못 사용한 이들이 비난받아야 마땅하다
단지 어둠에서 빛이 더욱더 돋보이듯이
양귀비의 독과 성질도 마찬가지이다

물 밑으로 양귀비의 성질이 흐려진다
그 결점들은 아침 이슬로 고였다가
소멸로 이르며 바람처럼 걸림 없다는 것
독은 핏빛 머금고 내몰리는 순간에
주변을 다 파열시킨다는 것이다
어디에 해를 크게 입히는지 보고 있다
막연히 깨끗한 면사포로 가려져 있으면
어두운 성질을 긁어내기가 참 힘들다

그윽하게 피어나니
그의 마음엔 재생력이 강하다
더욱더 명확해지는 것을,
그렇게 수없이 순환되는 이 넓은 몸 안에서
약이 가장 필요한 곳이 어디겠는가,
늘 염두에 두는 이유는 그 세계에는 보기와 다르게 많은 것이

달려있다
　그곳이 정화되지 않는 것이 참혹하게 느껴진다

　모두에게 똑같은 흐르는 마음이 되고 싶지만
　결국에 나 또한 독이 되거나 약이 될 것이다
　모순은 아주 유용하다

* 빈부, 전쟁의 고통, 아프리카를 생각하며

별

내 마음 하나뿐인데
하나가 나가고 하나가 들어옵니다
여기까지 오기 위해
나는 어디에 있다가 온 것입니까

여기 오래 있었던 묘목이
내 마음을 찢어놓았습니다
나라는 존재는 침묵과 빛입니다
이 들판에 아이가 생겨나고
오랜 시간 생겨나면
사라진 흔적 또한 똑같이 작용합니다

주님과의 거리에서
누구를 사랑했구나
누구를 잃어버렸구나
모두 개별적이지 않은 것 같습니다

아이는 별이 될 것입니다
가장자리에 있어 소외받는 별들을
중심으로 모으는 별

나의 마음이 그곳만을 바라봅니다

그는 가장자리에 있는 나의 별!

떠나보낸다

밖에서 시위 소리가 들려온다
천장에 실링팬이 돌아가고
과일을 찬장에 넣고 문을 닫는다
내 생각은 멈추었고
찬장 안에도 계수나무 위로
의식이 흘러가고 있다
내가 꺼내지 않아서 후숙되어 가고 있다
헷갈린다, 잠시

하얀 벽에 그려진 나비가 나의 꽃밭에 취한다
그 치명상 속에서 삶을 마감할 것이다
온통 해학적인 말들
아득히 먼 곳을 향해 눈물을 적는다
아무도 아버지가 도착했다는 소식을 말하지 않았었다
그 쓸쓸한 시간 위에서…
어렴풋이 계수나무에 투명한 언어가
메마른 세월을 밀어낸다
월영처럼 그가 지니고 다니던
웃는 내 사진이 나왔다
텅 빈 공간을 다져나가는 가지처럼

당신이 들여다봤을까
대충 아버지의 편지를 읽어보았다
약한 바람에도 타오르는 호수와 나비
노을 구름 깊음 아래 다 펼 자신이 없다
당신처럼, 집 떠난 노을 구름처럼 기울어지고 싶지 않았다

우리 아버지는 어디에서 시위했을까
누군가는 계속 들리고 보아야 한다, 그 빈 곳을
빈자리만 불거져 있는
목서꽃이 하얀 벽 속에 핀다

억울한 혼을 길 끝에다 두고
이 마음이 여물 때까지 기다리고
후덕스럽게 여기저기 꽃잎 떨구게 되니…
찬장 문을 연다
그 과일은 계수나무 바람처럼 내 손안에 있었다
수많은 삶의 속이 가벼워 충만해진다
무심한 마른 나뭇가지보다 자유로이
나비는 내 마음에 들어간다

사랑은 쓰고

사랑은 쓰고 초콜릿은 달콤하다
난 초콜릿보다
나에게 성취감을 주려고 언덕에서
굴러떨어지게 한 그 쓴맛을 사랑합니다
쓰디쓴 사랑이라면, 그 의미를 헤아립니다

그의 살아있는 눈,
마주치지 못하는 내 모습 때문에 눈물이 납니다
그의 젊은 광채,
내 젊음 같지 않아서 시선을 피합니다
당신이 사준 부츠가 내 발을 포근히 감싸지만
집이 낯설어 밖에 나와 허공을 맴돕니다
전화 너머로 들리는 그 목소리
동녘처럼 금방 사라질 듯했기에

내 몸에 발진을 보고 괴로워하신다
가려워도 책은 읽을 수 있는 것인데
가렵다고 한강 불빛을 보며
달걀을 못 먹는 것도 아닌데
모르는 곳에서 모르는 사람들과 지내느니
발진을 껴안고 그와 함께 있었더라면

아버지가 남기고 간 물고기들은
이제 먹이 주는 내 손을 거부합니다
물고기들이 잡아먹히는 광경을 지켜보다가,
언젠가 변모해 가는 평지도 그런 느낌이었지
나무를 절단하고 언덕의 흙 막도 무너뜨리면서
애저로운 나무들이 밤사이에 눈을 뜨고 있었다네
거짓으로 꾸민 것처럼 그의 작업장에서
가스가 새어 나옵니다
내 마음은 무디어가고
잠든 물고기들은 질식도 못 느낍니다
별들이 종종걸음으로 지나가더니
검은 하늘이 나를 데려갑니다
별들은 입가에 번지는 미소처럼 모여들었다가
마르는 눈물처럼 하나 남아있지 않습니다

구름이여

네가 얼마나 깨끗한지 들여다보자

절망도 안 하고 낙담도 안 하니 깨끗하다
너의 하늘,
한계 끝을 바라본 눈으로

걸림돌이 없는 너는 무엇을 본받고 싶니?
상처받아도 걸려 넘어져도 일어서는 너이다
라피네

흐르는 강물처럼

직관적인 전구에서 흘러나와
감성으로 대구(對句)에 머무른다
모든 장면이 창문 밖으로 흘러나가고
일정한 너의 물결에 나의 젊음이 되고 싶었다
명예의 집이 모래처럼 내 마음에서 부서졌다

그러나
위대함은 고생스럽고 평화는 안락하다
평화를 찾아 위대함이 쉬러 온다

더욱 뜨거워지는
여름 햇살 앞에서도 역류하지 않고
온유한 은빛 부드럽게 흐르니
누군가처럼 사라졌으나
누군가처럼 늘 곁에 있다

석양빛 자몽빛

예술은 사랑에 의해서
아름답고 향기로워진다
대낮보다 빛나는 광채가
황금빛 실처럼 내려오고
들판의 댑싸리들이 흩날리는 동안
말의 등을 타고 퍼지네
숲을 돌아 은행나무 길이 이어지니
노란색의 빛나는 평면 위에 올라탄
검은 말의 연속
그 위로 나는 황금새와
검은 틈에 힘찬 말굽 소리 끝없이…
비록 썩은 백합꽃은 형편없고 고약하나
그 시들고 아픈 백합을 위해 달려간다네

예술이란 석양빛 자몽빛 물고기
헤엄치는 물고기들이 시야 속에서 분산되고
평면적으로 반사되어 비치는 그의 눈을 보았다
내부와 외부를 반쪽씩 맞추어 놓은 것
어디에도 구속되어 있지 않은 것처럼
나는 어디로 흘러가는지 모르는 기체로 시를 쓰고

말이 없는 물결 안에서 언어를 배우리
그것이 밀물처럼 내 눈에 들어오는
예술과도 같기에

봄날의 부름에

이 시간을 적으면 바닷물이 지우는 내 마음
하지만 숨어 있는 글은
더욱 그렇게 살아지는 마음뿐이라네
창공을 감싸는 온기 내 앞에 있듯이
고요한 바다에서 바이올린 소리 들려오네
두 줄의 현이 하나가 사랑 노래라면
내면에 비치는 글로 써 내려가지만
무엇이 활을 타고 선함을 흔들 수 있을까
혼란스러운 것은
행복한 옷을 입고서도
조화롭지 않은 이 마음 때문이라네
그는 조심히 미소 짓는다
모든 실수를 덮어주려는 것처럼
홀로인 것 같은 장미 안에
충만함뿐인 그 뜨거운 입술

붉은 나비가 저녁을 몰고 온다네
산수유나무에 붉은 열매를 잠재우네
어리고 창백한 그 눈물에 별빛이 꺼지더니
그대가 없는 세상은 물에 비치지 않네

문득 봄날의 테두리에는
늦도록 사랑이 하늘을 태운다네

내 노래를 듣는 사람

예술가의 목소리가 보랏빛 조명과 섞이네
당신이 추한 외모와 외로움이라면
나는 미래를 저만치 걸어가며
당신의 죽음을 앗아갈
천사 날개의 그늘이 되고 싶다
그는 검은 연미복을 입고 천사의 육성처럼
밤물결 안에 모든 생명력을 잠재운다
슬픔과 고뇌 또한
잠들지 않는 깊은 향기로 채우는
지중해의 꽃향기처럼…
희뿌연 연기처럼 가려진 그대 손을 잡았을 때
마치 눈먼 내가 오직 감촉으로만 느껴졌었던
푸르른 별 타오르는 글의 단편이
귓가에 들리는 듯했으며
눈으로 눈으로 그의 마음을 보는 느낌이었네
나의 꿈은 슬픔을 낳았네
내 마음 안에 펼치고픈 꽃 물결이 지고 있다네

마지막 항구

나는 받아들이는 게 참 힘든 사람이다
가을이 되었다거나
가을을 받아들여 고개를 숙였다거나
가을이 놓아버린 여운과 상관없이
바다는 자신의 뜻대로 되어가고 있었다
이것은 나를 고독하게 하기에 충분하다
우리에게 이 빛깔이 최선이었을까
가을 잎과 멈춰진 걸음은 아직 분리되지 않았다

종일 자기답지 못한 것에 끌려다니다
자신 모습이 투영되는 것을 느낀다
해가 떨릴 때마다…
창문이 닫혀도 내게 오는 바람은
조개 안의 진주를 찾듯이
진주의 소망하나 새어나간
빈 공간에 희망 하나를 걸어둔다

끔찍하게 그려지는 작은 열쇠 구멍,
내겐 늘 승강기 속, 내 작은 가방을
들여다보는 눈이 있을 것만 같다
비리나 비난 속에서 휴가를 보내고

흙더미를 뒤집어쓰지 않은 사람들이
결론을 짓는 인위적인 행위들 같은,
논리가 있어도 덜 속을 수는 없다
내가 선망하는 것과
내재화된 것들 사이에도
논리적인 포용은 없었다
그렇듯이 위치를 바꾸고 싶은
진주알 하나를 찾는다
견딜 수 있는 것만이 이 길의 굴곡이다
벼가 무엇을 밀어 올리든지

가을을 보내주고 온 여행은 끝이 났다
기차는 내가 살아가기 위한 곳으로 향했다
아까부터 노란 햇살이 너무 가까이에 와있었다
저 영역이 나에게 말을 건다면 어떤 언어일까…
그 순간 진주가 노란 햇살을 받아 눈부시게 빛을 낸다
진주와 나는 마음을 열 수 없었던
오래된 문을 온 힘을 다해 열고 나오려 한다
노란빛의 파장이 정의를 포용하듯이
잠시 동안 벌어진 일은 내 머릿속에 꽉 찼다

각득기소

제자리였던 곳,
전리품도 없이
빛으로 가득한 호수 한 바퀴 같은
장미의 내부 안에서 눈을 뜰 것 같다

평생 봐온 것이 내 안에서 틀을 이룬다
그것을 왜 덜어내야만 할까
그는 평정을 잃지 않으려고
어떤 방식으로든 싸우고 있었다
어떤 부분에서는 그가 답장을 하고
어떤 부분에서는
다른 눈빛을 가진 무언가가 답장을 한다
우리가 걷고 또 걸을 때마다
나는 아기 무덤에도 시간이
같이 흘러간다고 생각했다
나는 촛불이 되고 그는 심장이 되었다
아픔이 끓어오르고 그의 심장처럼,
나는 넘어져 살갗이 쓰라린다
스스로 일어서야 한다는 게 첫 번째이다
아무도 모르게 눈물 흘리는 게 두 번째이다
이미 분리된 것과 나를 한눈에 볼 수 있었고

흰 건반 검은 건반처럼 구획을 나눴다
담벼락은 내 말을 믿지 않았고
난간은 내 행동을 믿지 않았다
넘어질 때 잡아주는 사람은 필요하지 않다
빛 속의 어둠처럼 나를 놓아줄 사람이 필요하다

창가 앞에서

젊은 해가 아닌 나이 든 해의 앞모습
품위와 인내로 비추는
성당 창가 앞에서
벌거벗은 태양빛
그냥 끝까지 가는 거라고
이 한 몸 불사르는 해가
어떠한 미학보다
오래 살아남는다고

장미에는 가시가 있고 가시는 감정이다
아름다운 장미, 헌데 휘어진 가지처럼 시야가 없다
9살 정도 되어 보이는 여자아이
사람에게 무관심하다
눈이라도 마주치고 싶어서
매일 주위를 맴돌았지만 뒷모습만 보일 뿐
내가 거리를 유지한 이유는
그 상처는 보이지 않는 게 더 커서 그랬다
촛대에서 타며 흐르는 초 같은 눈을…
타고난 자리 의아함
그 허전함을…

어느 날 누군가가 찾아왔다
스스로 커지는 사람은 자신에게는 소홀해지는 것 같다
그의 옷차림은 너무도 소박해 보였다
그 고아원의 설립자를 볼 때면
항상 그런 인상을 받았다
제일 예쁘지 않다고 보여지는 아이
제일 관심을 못 받는 아이
장애 아이를 자신의 무릎 위에 앉혀 놓으셨다
그렇게 편안한 표정으로
장난감을 가지고 노는 아이의 모습에
나는 가장 쓸모없는 존재 같았다
나랑 있을 때 짜증만 내고
나를 힘들게만 했다고 불평했기 때문에
조금 더 사랑할 걸 그랬나보다

해를 바라보는 뒷모습이
인상 깊은 모습으로 남으려면
조금 더 사랑하자

미지의 세계

나를 위해 문을 열어주는 곳이 없어
검은 말을 따라갈 뻔했어
검은 말은 첫 눈길을 독에다가 채워
욕심을 구워 비좁은 길 위에 나를 버리고 갔지만
기억에는 너의 실체가 따라다녀
독은 모든 것에 도달할 수 있다는 걸 알았어

날마다 작게 몸속으로 들어오는 것을
뱉어내는 것이 얼마나 고통스러운지
산 위에서 생명의 산소를 만드는데
나무의 문턱을 못 넘기네
이 독성을 차게 식혀야지
그나마 나는 산이 많고
국토가 좁은 곳에 살고 있으니
내가 얼룩이라면 이것을 지워줄 수 있는 것은
얼룩이 없는 사람뿐이겠지

고통 속에서 미지의 세계를 만나고
슬픔 속에서 다른 종류의 사람들을 봐
두 발이 걸음과 분리돼 수평선 아래로 감기면

나는 이해하지 못할 사람들 속에서
나를 비추는 거울을 봐
삶의 부록에 황금장미를 피워보려고 해
두꺼비가 멸종된 자리에
홀로세에서 백만 년 정도 벗어난
한 사람의 냉랭함으로써
나는 그 허파를 망가뜨렸던 너의
유해성까지 사랑한다고 했으니까

시간의 흐름 사이

펜이 굴러떨어진다
책은 그대로 잡고 있었다
소리는 들렸지만 시선은 책을 향했다
시간이 천천히 흐른 걸까
아니면 내 시선이
너무 느리게 반응한 걸까
시간을 투영하기라도 하듯이
물결이 집어삼킨 내 동전은
미래 어디까지 가는지

메마른 채 쓸모없는 나의
감정이 이곳까지 차오른다
잎은 똑같은 흐름으로…
저무는 가을빛으로

멀리서 태양이 서서히 올라오네
그 위로 네가 걸어가듯이
안개가 걷히고
내 미소가 드러나네
우리는 불확실하고 존재하지 않는
미래를 구하고 찾으려다 서로 얽혀있다

딱히 할 말이 없었지만
그에게 전화를 걸었다
그는 열심히 대화를 시작했고
이곳의 흐름이 빈자리를 지나갔다
마음에 폭풍우가 지나갔다
아마 그사이에 무엇이
반응하기라도 하는 듯이
시간이 흐르는 게 정말 다행이더라

모과

향기에 내 머리칼처럼
헝클어지는 둘레길에
아직은 놓지 않은 반투명한
징검돌의 끝이
피부를 떠나지 않고 있다
뒤로 사라지는 그의 시절은 모과 향기가 된다
눈앞에 아롱진 전선이 가을처럼 열리고
다른 나무들까지 멍이 드는 이것을 본다
기온이 낮을 때는 휩쓸려가는
내 마음을 건져
공기와 햇빛처럼 형체 없는
그의 손이 맥을 짚어주곤 한다

새순들은 갈 곳 없는 것 같았던
나의 세상에서도 길을 잃지 않는다
큰 나무가 가장 무른 부분에 먼저 가 있었다
지금은 주름살 가득한 얼굴로
실핏줄을 가리고 계신다
거대한 돌같이 허공을 날던
그 노인에게 늦가을 밤
일교차가 커진다

제3부 너는 입김처럼 피어난다

윤슬

달아나라, 겨울 바다로
물결이 달아났다가 다시 밀려온다
그의 어깨에 닿았던 분홍빛 윤슬처럼
내 눈이 감길 때까지 잔잔히 머물러주기를…

너는 나를 사랑 할거야?
너는 나를 의심하지 않을 거야?
마르고 시들고 꺾이는 그런 불행을 타고났어

너 또한 태양에게 눈먼 해안가의 유령
저 빛에 눈멀고 타버리지 않는 방법이 있단다
물비늘이 되어야만 해
불행인지 행복인지 모르나 영원히
심연을 비추고 퍼지는 그 선율처럼

여러 겹 떠오르는 두 사람의 사랑이
겨울에는 시를 쓰고 봄에는 꽃잎을 얹네
이 여운은 나의 것인데
누가 물결 위에다 잔잔히 적어놓았나

방어막

달빛의 기색이 마른 가지 위에
슬프게 빠져나갈 때가 있네
나는 정경을 보고
때론 감동을 받지만
울렁이는 세레네가
매번 다르게 보이며 그의 눈이 생각하는 듯
저물어가는 꽃대궁 위로 자리를 옮겨 앉는다

집들 사이에서 널 찾아들 거야
태양이 기뻐할 때 내게 말하네
너는 방어막이야
오래전부터 아프고 힘없는 존재들이
왜 네 주위에 있었을까?

나는 느끼네
허무의 눈동자가 내리비치는
신호에서 기다리며
이득은
수그러지는 밭의 열매인가
내 자유가 어린아이에게서 피워내는 꽃인가

그 밤에도 그녀가 머무르네

'그럼 나는 무엇을 가질 수 있는데?'
'황금장미야.'

내 생각이 장밋빛을 읽네
지친 울타리도 힘겨워하는 문들도
모든 계절을 열어두고
초연한 간격 사이에
에오스의 장밋빛을
어린아이의 숲길에
깊이 묻어두고 싶네
둥근 달의 체온이 배경을 채운다
하나하나 사랑스럽게 빛나는 11월의 밤

물색

너는 네가
'아무나'로 피어난 줄
알겠지만 너는
입김처럼 피어난다
하늘의 그림자는
나의 물결을 채우고
나는 네 눈물을 받쳐주는
따뜻한 두 손이다

'아무나'인 너를
이 새벽이 꽃피우지 않을 것이라면
왜 모든 물결은 새벽하늘로부터
희미해질 수 있을까
단 하나의 별인 너를
하늘로 끌어들이기 위해서

나는 아직도 옛날일인듯 한데
별 하나 광활하게 지속된다

당신은

당신은
마음을 끄집어내고 또 끄집어내는
섬세함의 표시인 햄릿
하강하는 보름달처럼
호재 속에 교류하는 듯한 당신은
녹는 내 슬픔을 구하려고 뛰어드는
돈키호테
당신의 날카로운 눈에도 나는
정원에 흩날리는 꽃날개처럼
가슴이 들먹거린다네

당신인 줄 모르고 홍매화가 내려다본다
모든 의미가 멈춘 순간에도
내게 이야기를 흩뜨리는 당신
그런 당신에게 봄의 의미가 되고 싶다
내 마음에 당신이 부는데
불어온 민들레 꽃씨 같은 의미보다
날마다의 의미가 되고 싶다

토성

오래전에 보고 들었을까
그의 뒷모습과 목소리
내 옆에 꼼짝없이 앉아 있으면서
달콤하도록 나만을 끌어당기는데
누군가 분주히 달려 나가면서 그 위력이
내 피부에 닿아내리는 향수를 스치고
그 둘의 움직임이 시작된 건 예측 불가능한 일이었다

바이올린 선율이 흐르고
시원한 파동이 피부에 와닿아
활대와 줄이 서로 교합하고
혀끝은 이미 달달한 갈색향과 교합하네
얼음은 잔 안에서 돌고 돌아
촘촘히 고운 안개 흩어져

빛의 파동과 진동은 우주의 언어
나의 혼잣말도 멈춤 없는 긴 밤
뜨겁게 활활 타오르는 건
그것들에 대한 나의 동경
눈앞에선 어지럽도록 많은 별이 분포하고

나를 순수한 척 말라죽게 하고 싶을 뿐이다
저 위성이 머리 위에 손을 뻗는다네
토성을 바로 눈앞에 두고 싶어서

삼손

나는 물가의 보석이야
라피네의 짝은 어디쯤 왔을까
당신의 눈 없이 내게 들리는 모든 소리는 틀려

영원히 길 잃은 태양 위에서 여기까지 온 사슴
모든 길에서 강하게 뚫고 지나가는 당신의 뿔
언어 밖에 있는 매혹

당신의 눈은
아프고 타닥거리는 나의 마음처럼
아무것도 설명할 수 없는 나의 시간
희미하고 물가처럼 영원한 시간

너와 나는

바다에 몸을 던진 부서진 황홀경
밤낮 없이 걷는 너와 매듭진 하늘
폭우인 나의 물고기는 하늘 쪽으로
고개를 돌리지만
숲은 푸르게 익혀가는 너를 닮았다
입술로 마시는 향기처럼 그렇게 익혀가지
생의 눈물은 새벽빛의 밀알이 되고
나는 흘러가고 또 흘러가며
운명은 갈 길을 정하고
그 시간 속에 네가 담은 것은 모두 네 것이다

고궁에 물들다

달이 가까워질 것처럼
우리 이야기는 늘 흩어져 있었다
고궁 뒤뜰 진달래도 깊이 사색한다
너의 생각은
여러 겹 덮어도 더 밝아지고
그 눈은 아직도 빛나고 아득해
지친 마음이 쉬는 공간처럼

빛으로 모든 것을 지각하지
서글서글하게 빛이
검은 물결 위 고궁에 닿아 더욱 반짝이네
달에 가까워짐을 느끼네

화성의 밤기운

푸른 뱀이 흐르는 물에 나의 손목을
끌어안는 데 비할 데 없는 밤
나의 심연이 하늘에 오르기 전에
파도를 넘긴 바다는…
목이 메인다
사랑은 새벽빛 같다
사람에게서 나올 수 없는 행복도
무의 상태였다가도 한없이 나올 수 있음에서
이기심처럼 높은 나의 물결,
겨울바람에 젖어
잔잔한 거리에 나왔다

마른 나뭇잎보다 작은 가벼운 그에게
첫사랑은 왜 그렇게 아팠을까
외국인으로서 낯선 곳에서 살아가는 그와
가족의 울타리 없이 자신에게 의지해서 살아가던 나에게
불면증까지 가벼워져
서로의 밤이 바닥이 없는 곳을 향하는
눈물처럼 찾을 수 없는 것까지 닮았다
외로움을 향해

멀리서 바라보는 기차처럼
잃어버린 존재가 되어 아침에 깨어나
그러나 영원히 서로에게 노래 들려줄 것 같았던 우리는
바쁜 7시면 고르지 않은 화성 한가운데를 지나는
바람처럼 이별했다
나보다 더 행복하기를 바라는 마음에서
그의 운명에게 슬프게 울지 말라고
어쩌면 나의 마음은
이렇게 사랑해 왔다고 말했다
충분하다
물결 속에서 뜨는 태양은
물병자리가 청색 꽃으로 바뀐 자리에서 나타난다
말뚝 같은 양초처럼 타면서 오르며

반 고흐, 별이 빛나는 밤

깊은 수심이 지난날들을 적시고
낙낙한 가슴에 별이 와닿으면
어디서 위안을 찾으려고 하는 오래전
나의 모습과도 비슷한 것 같다
내 마음에 든 것으로 아득한 당신의 눈을 물들이면
그것은 세월이겠지
영원한 갈증,
긴 여행에서 오는 짧은 문장처럼
그대의 이름은 짙어지네

천정벽화

파랑새가 창조주를 찾으며 난다
행복한 발자국이 남아
윤슬 무리 가득하고
넝쿨에서 꽃망울이 매달리고
숨결이 증발하고
기억이 지나가네

방어선 같은 선들 아래
잔잔히 반향하는 질감으로
변화를 마주하며 바라보는 눈
강한 심지로 얼굴을 쳐들고 있는
미켈란젤로의 두 눈처럼
무수한 빛 가운데 푸른 눈동자

제4부 환한 달이 꽃에 배어든다

당신의 입구에서

어제는 통로가 나왔다
네가 치러야 할 막연한 걸음이
거리에 흩어지고
푸르고 검은 꿈이
잔금들을 한층 한층 쌓는 일

너는 흐느끼지 않아 아무것도
모든 빛과 노을이 너를 보다
가라앉는다 해도
모든 것 위에 뜨거운 고요
너는 말을 잃지 않아
삶이라는 곳에서
내가 쫓겨 나왔으니

가련한 나무둥치 밖에
안전망이 쓰여있다는
먼 가로등에 가서
외알 안경 같은 마음을
메꾸어 줄 테니

불안과 슬픔이
요람을 흔들었지만
나를 담고 있는 것들이 드러나
깊은 하루를 지킬 것이다
소리를 잃은 고양이가 숨어드는
강철판이 뒤덮인
벽이 될 때까지

미완성

너는 이 비탈 위의 별
저 별은 밤하늘의 심장
늦게 핀다 서운하여도
더욱 짙어져 가는
향이 남게 돼
가장 짙게 남으려 하니
고통도 따라오고
갈증, 열과 현기증
길이 트인 곳
여름의 미풍 지나가면
이 향기 얼마나 깊은가

잔해

낮이나 밤이나 생명 담고 있는
오로라, 우주가 떨구는
외딴 하늘의 눈물처럼
작은 입자라 할지라도
큼지막이 한계선을 그리는데
생명이나 인간이나
잔해나
남고 싶어 하는 내 마음은

어떤 기쁨에도
내려앉을 수 없는
나비처럼
우연은 차가운 공기와 섞이고
차가운 공기는 어느 곳에도
존재하지 않는
나비 같은 존재

외로움이 영원히 이어지는
광활한 길을 날아가지만
행복을 가져오지만

정작 자신은 머무를 곳
하나 없는 나비

주님이 온 후 서기와,
BC 서기전을 통틀어
서리와 폭풍 후에도
여전히 남은 것은
존엄성인가
잔존물만큼
사랑하던 우리인가

길

어항을 보며
"쟤네들은 자유롭겠다, 지영아"
하시는 아버지의 목소리가 들려올 때
나는 당신과 이곳으로부터
최대한 멀리 가보는 상상을 합니다
어디로 되어갔는지 별로 중요하지 않습니다
내 마음속에서는 더 시리게 흐르고
붉은 꽃잎에 비치는 슬픈 눈길을 보면서도
놀라지 않고 헤엄칩니다

다른 세계에 무언가를 실어 가는 해넘이
무거운 것을 껴안고 시작되는 이야기
나는 그곳에 늘 있었지만 잊어버렸습니다
내가 길을 찾는 것은
더 이상 시간문제가 아니라는 것을
그날 알았는데
좌초된 고귀함처럼
파랑나비는 증발하고
당신의 목소리가 다시 들립니다

꽃밭을 뒤적여봐도
슬픈 장면은 없는데
나는 어디에 담기기도 전에
내려앉을 것 같습니다
가슴에 와닿는 소음에 묶여서
땅에 박힌 줄도 모르는 느낌으로
당신을 생각하면
할 말이 생기지 않습니다
큰 걱정을 안고 집에 가면
언제나 나를 감싸주었던 한 사람
내가 제일 좋아하는 것을
갖게 해주고도 미안해하던 한 사람입니다

진달래

나에게 자비로운 햇빛 같았던 아버지가
혼자 떨어져 돌연 거센 파도로 변했다
술로 온 밤이 시끄러워지면 나는
태연해질 수 없었다
아버지는 흙먼지를 삼키고
까만 땀이 목을 타고
부스러기들보다 작게
풀잎에 맺힌다

사랑의 물결은 물고기의 입으로
하느님은 나무토막 안의 목소리처럼
숨어계시고 초라한 울타리만이
나의 밤낮을 어루만지던 시절

그가 사라지자 나는
가까운 것에 유난히 몸을 돌렸다
비구름 섞인 우울증 약들을 삼키기 쉽도록
내 몸은 세상 끝에 부스러기들을
점점 슬픔으로 받아들였다

추석이 지나고도 아버지는

영영 집에 돌아오지 못했고
언젠가 내가 멀리 떠나겠다고 하면
하느님은 말했던 적 없는 돌에
비처럼 가득 쏟아지셨다

할머니가 그러셨었다
아버지는 노동의 대가를 받지도 못하고
집에 내려오지 않고
그 작업장의 외부에서 며칠 버티고 있었다
그러고 나서 할머니는
아들이 죽었다는 소식을 들었다고…

막 생겨난 내 마음처럼
환한 달이 꽃에 배어든다
유일하게 나를 감싸주었던 아버지를
찻물이 무궁하게 끌어오르면
붉은 진달래가 나의 심장 안에 꺾이네
새순이 돋아나 큰 향기로움이
부활절 하늘에 퍼지듯

드뷔시의 달빛처럼

나를 떠난 꽃잎이 바다 위에 떠다니네
이토록 쓰릴 줄은
절망하지 마세요
밤이면 등대 빛이 물 위를 비추고
그는 자세를 낮추고
소용돌이치는 누군가의 마음을 들여다봐요

그대가
바다 한가운데에서
세이지 향기를 맡게 해준다면
바다 한가운데에서
나뭇잎을 주울 수 있게 해준다면
바다 한가운데에서
태양 그림자에 나의 이름을 새겨준다면
그는 진실한 내 사랑이라네

고독을 밀고 나가며
하얀 돛이 통과해요
날이 밝아오면 붉은 태양의 파편이
진주알로 변하고
흐르고 흐르는 동안
잃어버린 것 하나 없어요

절망하지 마세요
잘 버텨왔기에
빛을 기다리던 아름다움이 깨어나고
드뷔시의 달빛처럼

정원에서, 노란장미

부서진 빛들이
시간의 잔에 담겨 바람과 비를 낳듯이
어린별의 감격무지란
마치 아이의 심장박동 소리처럼 고결하고
봄의 정원처럼 진귀하다
그런 힘은 내게 다시 감미를 주고
물가에 진주알이 비치는 동안
봄은 정교하게도 정원을 채우고 있다

투명한 황금빛 이슬이
노란장미에 맺히네
아이들의 웃음꽃은 정원의 범주로 분류되어
그 맑은 마음에 이슬을 담아왔노라
얼마나 사랑하며 맺혔을까
얼마나 행복해하며
꽃들이 수정되었을까

천막 안에 예쁜 아이라도 숨겨놓은 듯
정원의 커튼을 열자
어린아이 눈빛을 닮은 자개가
환하게 쏟아져나오는구나

바람을 타던 여행객들의 재담처럼
어디론가 흩어져 사라진다 해도
그 향기, 장미의 숨결 영원히 퍼뜨려라
이따금 봄의 감각을 따라 윙윙하고
입안으로 흘러드는 포도송이처럼
실망으로 되돌아오는 일 없이
내 가슴에 안겨 꿀을 맛보거라

새의 날갯짓 사이로 투과되는
저 빛을 따라 들어와
제일 높은 탑 위에 서서
너를 기다리는 까닭은
네가 곧게 서서 세상을
바라보기를 원하기에

보석이 박힌 거북이

비가 흐르면 음악이 흐른다고 했네
비는 연결에 불과하고
한 문장 속에 시간의 커다람 때문에
결국 메아리가 되고
아련한 것은
황홀한 향기를 품었네

보석이 박힌 너의 등에 물보리를 보네
오래 산 거북이는
가장 따뜻한 장소 위에 존속할 것이네
결함과 지나치게 작은 부분들이
쉽게 주저앉는 것을 보며

사랑하는 사람을 보는 것이 슬프다
느리게 오는 것들의 아픔을 보면서
일관적인 태양처럼
사랑의 선택은 사랑
네 삶의 중심에 내가 함께 있기에

반지

당신의 손을 잡고 싶어
줄곧 흘러 올라가며
아이처럼 웃었지
당신은 하늘이라는 그물임에도
나의 물결은 꽃보라처럼
시름 위에서 날아온 봄을
안고 싶다네

이 숨결을 가진 뒤로는 들을 수가 없네
당신의 내부에 있던 나,
내 날개에 금이 가던 날
나는 예전처럼 즐거워하지 않았네
당신은 의심을 드러내지 말라고 했네
신의 목소리가 어떠한 무게를 가졌는가
곧 사라져 버릴 욕망은 나를 얼리고
얼음 서리에 고독하게 찔린다
한때 붉은 별 검은 호수 옷을 입고
산들로 향하는 그 맑음에 머물렀다
당신은 허공을 드러낸다
타다 꺼지는 노 속을 드러낸다

야자나무 상처는
독의 덮개

그리움은 당신의 눈,
그 형상은 텅 빈 것 같아서
밤의 나비처럼 패배처럼
천국의 비둘기처럼
언제나 영혼을 깊이 덜어내고
언제나 나를 파고들어
석양이 향기를 따라 담아둔 화병
봄볕 한창인
이곳에 담긴 흐름을 따라서
나의 손에
당신이 끼워준

백조자리

여명이여, 당신이 원인이 되게 하는 것은
내가 돌과 벽에 흐르는 당신의
옛 추억에 침입해서 그런 것입니까
살을 에는 듯한 고통을 참고 골짜기에 올라가야
사자와 싸울 수 있겠습니까
나의 심장이 사자의 것보다 위대하지만
여명은 환상에 사로잡혔기 때문에
나의 꿈은 그보다 연약합니다
불완전해도 그곳만 넘어가면
더 아름다운 것이 있을 것 같습니다

그대가 빛이 들어오라 하며
세상 너머를 바라보는 것 같은데
마치 그 초록 눈을 모방하는 듯한
우물의 열린 창 옆에서
내가 서 있었으면 합니다
끝을 볼 때까지는

몇 해 동안 깜깜함에 술렁이는 하늘
그토록 불완전한 별

그들이 이 길가에서 바랍니다
그대의 꿈이 잠들어버리면
등장인물들도 그대로 침잠합니다
검은 균열의 지점에서 여명을 입을 것이며
그로 하여금 당신은 마무리를 지어야 합니다
나의 경험들은 백조자리와 마주칩니다
마지막 별까지 다 나와야
별자리가 완성됩니다
두 날개가 가득히 펼쳐져야 합니다
백조처럼…

그림의 여운

오래전에 내 시야 앞에는 큰 나무 크기만 한
문이 있었다
구멍으로 안을 들여다보니 훨씬 더 큰 집이 있었다
시간과 공간은 그의 인형에게 해주는 말이었지
화가는 나에게 별자리처럼 머무르고
운명처럼 떨어지라고 말했었네
그는 내 위로 떨어지는 마음
애착의 크기 같은 것들을 그려주었네
내가 보면 이 보폭은 아픔이었지만
그림에서는 품위가 있었네
불안해서 멈추고 되씹어봐야 앞을 볼 수 있었거든
흔들리는 잎새는 줄곧 바라본다
커다란 동요만큼이나 헤아릴 수 없는 태양의 길
어떤 하루도 그냥 지나치지 않았는데
하늘은 그토록 푸르렀고
나는 헤매는 심장을 내밀고 있었네
내가 있으면 호수였고
화가가 품으면 끝없는 편지였다
따뜻하게 김이 서려있다
행복은 수평선처럼 따라오고
네가 추구하는 것은

강의 어깨에 흘린
배 안의 한 방울 눈물보다 컸다
화가는 "잘 살펴보라" 하고는
내 목에 있던 먼지들을 다 빼내어 갔다
슬픔이라 느끼지 못할 만큼

황금장미

한 잎 한 잎 내 순간들의 경계가 사라졌다네
나의 일부가 곧 떨어져 내려 그늘 속에서 식네
향기 영원히 잊혀갈 쯤에
나의 숨이 큰 정원의 영혼처럼 느껴져
하느님의 황금장미가 되고 싶다고 말하네
피라고 하시면 피고
지라고 하시면 지는
황금장미의 영광 모두 황금빛으로 물드네

Raffinée

그대는 기쁨으로 온,
하지만 향기에 지나지 않아요
내가 꿈을 꾸듯 별이 물결치면
존재와 부재처럼
나는 섞이고 나는 사라집니다
나는 꿈꾸는 장미입니다

휑한 열망 속으로 화병에 담겨도
너무 찬란해서 지난밤이 남기고 간
별이 됩니다

물방울에 담긴 하늘 다이아몬드,
곧 사라질 듯한 시간을 음미하죠
오래된 이야기만
허물어지지 않는 곳에서
나는 다이아몬드처럼 쌓입니다

그대가 두고 간 것이
말라비틀어진 그리움뿐이라도
그리움 속을 날고 싶은 건 새가 아닙니다

나는 그저 꿈의 길에 수놓는 글처럼
그대의 마음에 두고 갑니다
나는 꿈꾸는 장미입니다

양귀비

인간은 스스로 사랑을 무너뜨리고
스스로 절망에 빠진다.

사랑의 의미를 혼동하고
사랑의 힘을 부정했다.

사람은 그런 면에서 양귀비와 닮았다.
자아도취나 쾌락, 환상이나 마약을 믿는 것이 더 낫지 않은가.
체면과 이기심 때문에 중요한 것을 보지 못하는 사람…
우리는 왜 나누지 못하며 생명은 하찮은 것이 되어버렸나.
신이 내부에서 신는 신발은 그에게서 나오는 자유로움에 이끌려 다닌다. 춤을 추는 것처럼 그가 자유로우면 나는 큰 행복을 느낀다.

진통제 없이 자유로울 수 있는 사람은 어디에 있을까?
장미에도 가시가 있듯이 양귀비에 독이 있구나.
소녀 둘은 이제 양귀비 들판에 들어왔다.

라피네 : 감히 나비는 양귀비 꽃잎에 앉지 못하는 거야. 자신의 날개보다 훨씬 아름답거든.

루이즈 : 아편을 채취하면 좋은 수익이 될 거야. 씨앗도 가치가 있고.
라피네 : 천상의 꽃을 보고 소유라니. 정말 아름답지 않아?
루이즈 : 응. 그렇지만 지금 내 눈앞에 보이는 것은 모두 환상이며 마약이며 진통제일 뿐이야.
라피네는 루이즈가 자신의 주제를 모른다고 생각했다.
필요한 것은 전부 우리에게 있었다. 하지만 우리는 지배하려고 하고 소유하려고 했다. 불행의 시작이었다.
독은 언젠가 통찰력과 경험이 될 것이다.
나의 두 다리는 그의 사랑의 맹세를 찾아갈 것이다.
내부에서.

해설

새로운 흐름 자체가 되는 삶과
존재를 향한 빛나는 열정

권온(문학평론가, 문학박사)

새로운 흐름 자체가 되는 삶과 존재를 향한 빛나는 열정
- 강지영의 시 세계

권온(문학평론가)

1.

한국시의 독자들에게 강지영, 이라는 이름은 아직은 생소할 수 있다. 강지영은 2024년부터 공식적으로 시를 발표하기 시작한 신인(新人)이기 때문이다. 그녀가 시인(詩人)의 이름을 얻은 시기는 아직 짧지만, 그렇다고 그녀의 시들이 제공하는 문학적 역량이 낮은 것은 아니다.

강지영의 이번 시집은 그녀가 문단(文壇)에 제출하는 첫 시집이지만, 수록 시편(詩篇)은 상당히 안정적이면서도 감각적인 언어 구사 능력을 보여준다. 30대 중반의 창창한 나이를 감안할 때, 강지영이 앞으로 우리 시단(詩壇)을 향해 제공할 수 있는 시들의 가능성과 잠재력은 무궁무진할 수 있다.

독자들로서는 강지영의 첫 시집을 읽으며 '흐름'에 대한 인식을 제고할 수 있고, "약"과 "독"이나 "존재"와 "부재" 같은 대립 구도를 활용한 시인 특유의 시학(詩學)에 감탄할 수도 있을 것이다. 또한 "드뷔시의 달빛처럼" 울려 퍼지는 몽환적이고 환상적인 예술의 진면목을 확인해 봐도 좋을 테다.

　강지영의 시는 단순한 언어의 조합이 아니다. 그녀의 시는 언어를 넘어선다. 시인의 시는 음악이 되고 미술이 되며 건축이 된다. 강지영의 시는 종합 예술인 셈이다. 월터 페이터(Walter Pater)는 언젠가 이렇게 이야기하였다. "이 단단하고 보석 같은 불꽃으로 항상 타오르는 것, 이 황홀함을 유지하는 것이 인생의 성공이다.(To burn always with this hard, gem-like flame, to maintain this ecstasy, is success in life.)"

　우리가 월터 페이터의 언급에 동의한다면, 우리는 삶의 궤적을 성공적으로 이끌 수 있을 것이다. 강지영의 시를 읽는 일은 단단하고 보석 같은 불꽃과 만나는 일이다. 독자들이 이번 시집에 수록된 강지영의 시를 읽는다면 영원히 타오르는 황홀함으로서의 불꽃을 찾을 수 있을 것이다.

2.

　강지영이 추구하는 시 세계는 포괄적이면서 복합적이다. 그녀가 지향하는 삶과 이를 표현하는 언어는 대립적인 요소들을 감싸 안으면서 새로운 단계를 향한 역동적인 움직임을 멈추지 않는다. 그녀의 시에서 '독'이 될 수도 있는 항목은 어느새 '약'으로 바뀌고, '부재'의 상태로 소멸될 수 있는 요소는 시나브로 충일한 '존재'의 모습으로 바뀌는 것이다. 강지영은 숱한 역경 속에서도 기쁨, 행복, 사랑 등 소중한 가치들을 향한 모험을 멈추지 않는다. 이제 그녀의 시들 속에서 이를 확인해 보자.

바뀌지 않는 건
시간은 인내심이
한 세월이었다
지난날 하얀 꽃봉오리
자기 발치에 놓여있던
노을빛을 모르진 않는다
나는 시간이고 그는 흘러간다

흐르는 시간 속에
겨울을 버틴 담청색 물결
시간은 더디더니
면역력이 생겨나 이제
이러한 모습을 취하는
그대도 견딜 수 있네
청매화가 마감한 자리

그는 세상 한가운데 홀로
추위에 떨다 흐트러지는
매화 같을 것
내가 있어야 그대도

완연해진 봄을 느끼며
흘러갈 것 아닌가
나는 시간이고 그는 흘러간다
　　　　-「나는 시간이고 그는 흘러간다」 전문

　시적 화자 '나'와 "그대"라는 이름으로 알려진 "그"는 이 시를 주도하는 두 인물이다. '나'와 '그'는 "시간" 또는 "세월"과 강하게 결속되어 있다. 이 시에서 "나는 시간이고 그는 흘러간다"라는 표현은 3회 반복된다. 곧 이 표현은 1연 7행, 3연 7행은 물론이고 작품의 제목에서도 반복적으로 제시된다.
　강지영은 '시간'의 긴요한 속성으로서 동사 "흘러간다"를 배치한다. 그녀에 의하면 '시간'은 어떤 움직임이자 활농이며 운동이다. 시인은 독자들에게 '흐름'으로서의 '시간'을 강조한다. 우리는 이 시를 읽으며 '흐름'이 제공하는 중요한 가치를 깨닫는다. 만약 누군가 '흐름' 속에 내재하는 "인내심"이나 "면역력"이라는 이름의 가치를 획득할 수 있다면, 그 사람은 "추위"를 넘어서는 "봄"의 기운을 생생하게 감각하게 될 것이다.

　　양귀비의 독이 비난받아야 하는 것이 아니다
　　이 독을 잘못 사용한 이들이 비난받아야 마땅하다
　　단지 어둠에서 빛이 더욱더 돋보이듯이
　　양귀비의 독과 성질도 마찬가지이다

물 밑으로 양귀비의 성질이 흐려진다
그 결점들은 아침 이슬로 고였다가
소멸로 이르며 바람처럼 걸림 없다는 것
독은 핏빛 머금고 내몰리는 순간에
주변을 다 파열시킨다는 것이다
어디에 해를 크게 입히는지 보고 있다
막연히 깨끗한 면사포로 가려져 있으면
어두운 성질을 긁어내기가 참 힘들다

그윽하게 피어나니
그의 마음엔 재생력이 강하다
더욱더 명확해지는 것을,
그렇게 수없이 순환되는 이 넓은 몸 안에서
약이 가장 필요한 곳이 어디겠는가,
늘 염두에 두는 이유는 그 세계에는 보기와 다르게 많은 것이 달려있다
그곳이 정화되지 않는 것이 참혹하게 느껴진다

모두에게 똑같은 흐르는 마음이 되고 싶지만
결국에 나 또한 독이 되거나 약이 될 것이다
모순은 아주 유용하다

- 「7월의 양귀비」 전문

 강지영은 "양귀비"에 주목한다. '양귀비'는 풀이자 꽃이며 열매일 수 있다. 그녀가 양귀비에 집중하는 이유는 그것에 내재하는 복합적인 성격과 무관하지 않다. 시인에 의하면 양귀비는 "비난받아야 하

는" 대상이 아니다. "양귀비의 독"을 비난해서는 안 되고, 양귀비의 "독을 잘못 사용한 이들이 비난받아야 마땅하"기 때문이다.

양귀비의 "독"은 적절하게 사용되면 "약"이 될 수 있다. 양귀비는 치료 목적으로 사용되는 '약'이 될 수도 있지만, 때로는 중독 증상을 일으키는 '독'이 될 수도 있기 때문이다. 강지영은 이 시에서 양귀비를 긍정적인 관점과 부정적인 관점으로 구분하여 파악한다. 긍정적인 관점에서 이해한 양귀비는 "빛"과 같은 대상이자 "재생력"의 원천으로서 기능할 수 있다. 반면 부정적인 관점에서 이해한 양귀비는 "어둠"과 같은 대상이자 손상을 입히는 행위로서의 "해"와 연결된다. 시인은 "약"과 "독"을 겸비한 양귀비의 속성을 유용한 "모순"으로서 규정하는데, 그녀가 소환하는 양귀비와 그것에 내재하는 모순은 이 세계의 본질과 맞닿아 있다는 점에서 대단히 의미심장하다.

> 사랑은 쓰고 초콜릿은 달콤하다
> 난 초콜릿보다
> 나에게 성취감을 주려고 언덕에서
> 굴러떨어지게 한 그 쓴맛을 사랑합니다
> 쓰디쓴 사랑이라면, 그 의미를 헤아립니다
>
> 그의 살아있는 눈,
> 마주치지 못하는 내 모습 때문에 눈물이 납니다
> 그의 젊은 광채,
> 내 젊음 같지 않아서 시선을 피합니다

당신이 사준 부츠가 내 발을 포근히 감싸지만
집이 낯설어 밖에 나와 허공을 맴돕니다
전화 너머로 들리는 그 목소리
동녘처럼 금방 사라질 듯했기에

내 몸에 발진을 보고 괴로워하신다
가려워도 책은 읽을 수 있는 것인데
가렵다고 한강 불빛을 보며
달걀을 못 먹는 것도 아닌데
모르는 곳에서 모르는 사람들과 지내느니
발진을 껴안고 그와 함께 있었더라면

아버지가 남기고 간 물고기들은
이제 먹어 주는 내 손을 거부합니다
물고기들이 잡아먹히는 광경을 지켜보다가,
언젠가 변모해 가는 평지도 그런 느낌이었지
나무를 절단하고 언덕의 흙 막도 무너뜨리면서
애처로운 나무들이 밤사이에 눈을 뜨고 있었다네
거짓으로 꾸민 것처럼 그의 작업장에서
가스가 새어 나옵니다
내 마음은 무디어가고
잠든 물고기들은 질식도 못 느낍니다
별들이 종종걸음으로 지나가더니
검은 하늘이 나를 데려갑니다
별들은 입가에 번지는 미소처럼 모여들었다가
마르는 눈물처럼 하나 남아있지 않습니다

- 「사랑은 쓰고」 전문

시적 화자 '나'가 포착한 인물은 "아버지"이다. "그" 또는 "당신"이라는 이름으로 불리는 '아버지'는 '나'에게 어떤 의미로 다가오는가? '나'에게 아버지는 "사랑"의 의미로서 다가온다. '나'가 이해하는 '사랑'의 맛은 "초콜릿"처럼 "달콤"한 것이 아니다. '나'에게 사랑은 "쓰디쓴" 맛으로서 이해된다. 놀라운 점은 사랑의 "쓴맛"이 "나에게", "성취감"의 원천으로서 파악된다는 사실이다.

'나'는 아버지를 달콤하지 않은, '쓴맛'으로서의 사랑으로서 이해한다. 아버지는 어떤 인물인가? 아버지는 여전히 "내 발을 포근히 감싸"고 있는 "부츠"를 사준 사람이다. 안타깝게도 아버지는 '부재(不在)' 또는 '무(無)'의 상태에 놓여 있다. 곧 "마주치지 못하는 내 모습"이나 "그와 함께 있었더라면" 또는 "아버지가 남기고 간 물고기들" 등의 어구는 '죽음'의 상태에 위치한 아버지를 제시한다. 우리는 여기에서 "작업장", "가스", "질식" 등의 어휘를 읽으며 아버지의 비극적인 소멸을 상상한다. 아픔과 슬픔과 상처에도 불구하고, 독자들은 이 시에 등장하는 아버지처럼 쓴맛으로서의 사랑을 구현하는 인물로서 성장해야 한다. 요컨대 우리는 쓴맛으로서의 사랑, 약으로서의 사랑을 찾아야 할 테다.

직관적인 전구에서 흘러나와

감성으로 대구(對句)에 머무른다
모든 장면이 창문 밖으로 흘러나가고
일정한 너의 물결에 나의 젊음이 되고 싶었다
명예의 집이 모래처럼 내 마음에서 부서졌다

그러나
위대함은 고생스럽고 평화는 안락하다
평화를 찾아 위대함이 쉬러 온다

더욱 뜨거워지는
여름 햇살 앞에서도 역류하지 않고
온유한 은빛 부드럽게 흐르니
누군가처럼 사라졌으나
누군가처럼 늘 곁에 있다

- 「흐르는 강물처럼」 전문

 우리는 앞에서 시 「나는 시간이고 그는 흘러간다」를 점검한 바 있다. 이번에 살필 「흐르는 강물처럼」은 「나는 시간이고 그는 흘러간다」와 유사한 성격을 지닌 시이다. 곧 시 「흐르는 강물처럼」은 "흐르니", "흘러나와", "흘러나가고" 등 일련의 '흐름' 관련 표현을 핵심 요소로서 제시한다.
 시적 화자 '나'는 "너"라는 이름의 인물에 주목한다. '너'는 "누군가"가 되어서 "사라"질 수도 있고, "늘 곁에 있"을 수도 있다. '사라짐'과 '곁에 있음'은 '부재'와 '존재'의 속성을 제공하면서 '흐름'의 본질을 실천한다. 강지영은 "감성", "젊음", "위대함", "평화" 등의 요소에 집중하면서 이 시를 "직관적인" 관점에서 감각적으로 고양한다. 이제 "흐르는 강물처럼"은 한 편의 영화, 한 권의 소설을 거쳐서 한 편의 시로 거듭난다.

예술은 사랑에 의해서
아름답고 향기로워진다
대낮보다 빛나는 광채가
황금빛 실처럼 내려오고
들판의 댑싸리들이 흩날리는 동안
말의 등을 타고 퍼지네
숲을 돌아 은행나무 길이 이어지니
노란색의 빛나는 평면 위에 올라탄
검은 말의 연속
그 위로 나는 황금새와
검은 틈에 힘찬 말굽 소리 끝없이…
비록 썩은 백합꽃은 형편없고 고약하나
그 시들고 아픈 백합을 위해 달려간다네

예술이란 석양빛 자몽빛 물고기
헤엄치는 물고기들이 시야 속에서 분산되고
평면적으로 반사되어 비치는 그의 눈을 보았다
내부와 외부를 반쪽씩 맞추어 놓은 것
어디에도 구속되어 있지 않은 것처럼
너는 어디로 흘러가는지 모르는 기체로 시를 쓰고
말이 없는 물결 안에서 언어를 배우리
그것이 밀물처럼 내 눈에 들어오는
예술과도 같기에

- 「석양빛 자몽빛」 전문

  강지영은 이 시에서 "빛"을 이야기한다. '빛'은 다채롭게 분기된다. "석양빛", "자몽빛", "황금빛" 등의 빛은 이를 입증하는 구체적인 사례이다. 그녀가 주목하는 다양한 빛들은 "예술"과 연결된다.
  시인에 의하면 '예술'은 "사랑"과 결합하면서 "아름답고 향기로워진다" '예술'의 미(美)는 '사랑'이라는 이름의 숭고한 가치와 화학 작용을 일으키면서 세상을 밝게 빛내는 것이다. 강지영이 추구하는 예술은 "언어"를 활용한 예술로서의 "시"를 지향한다. "어디로 흘러가는지 모르는", "물결", "밀물" 등의 어휘는 시인이 주목하는 흐름으로서의 언어와 예술로서의 삶을 촉진한다는 점에서 유의미하다.

    펜이 굴러떨어진다
    책은 그대로 잡고 있었다
    소리는 들렸지만 시선은 책을 향했다
    시간이 천천히 흐른 걸까
    아니면 내 시선이
    너무 느리게 반응한 걸까
    시간을 투영하기라도 하듯이
    물결이 집어삼킨 내 동전은
    미래 어디까지 가는지

    메마른 채 쓸모없는 나의
    감정이 이곳까지 차오른다

잎은 똑같은 흐름으로⋯
저무는 가을빛으로

멀리서 태양이 서서히 올라오네
그 위로 네가 걸어가듯이
안개가 걷히고
내 미소가 드러나네
우리는 불확실하고 존재하지 않는
미래를 구하고 찾으려다 서로 얽혀있다

딱히 할 말이 없었지만
그에게 전화를 걸었다
그는 열심히 대화를 시작했고
이곳의 흐름이 빈자리를 지나갔다
마음에 폭풍우가 지나갔다
아마 그 사이에 무엇이
반응하기라도 하는 듯이
시간이 흐르는 게 정말 다행이더라

― 「시간의 흐름 사이」 전문

 인용한 시는 앞에서 살핀 「나는 시간이고 그는 흘러간다」, 「흐르는 강물처럼」 등의 시와 닮았다. 이번 시 「시간의 흐름 사이」에 등장하는 "흐름", "흐른 걸까", "물결", "차오른다", "흐르는 게" 등의 표현에 주목할 때, 우리는 강지영이 추구하는 '흐름'으로서의 시학(詩學)을 건축할 수 있다.
 시인이 구상하는 '흐름'으로서의 시학은 "시간"에 집중하며 특히

"미래"를 지향한다. 시적 화자 '나'와 '너', '그'라는 이름들이 주도하는 '흐름'의 세계는 사람과 사람 사이의 "감정" 교환을 강조한다. 인간이 추구하는 감정 교환은 때로는 "펜"을 통해서 때로는 "전화"를 활용한 "대화"에 의해서 이루어진다. 우리는 누구나 '시간'의 존재이자 '흐름'의 존재이다. 피할 수 없는 '시간의 흐름' 속에서도, 이 시를 읽는 당신과 나는 "책"을 읽으며 각자에게 주어진 "빛"을 향한 모험을 지속해야 할 것이다.

    낮이나 밤이나 생명 담고 있는
    오로라, 우주가 떨구는
    외딴 하늘의 눈물처럼
    작은 입자라 할지라도
    큼지막이 한계선을 그리는데
    생명이나 인간이나
    잔해나
    남고 싶어 하는 내 마음은

    어떤 기쁨에도
    내려앉을 수 없는
    나비처럼
    우연은 차가운 공기와 섞이고
    차가운 공기는 어느 곳에도
    존재하지 않는
    나비 같은 존재

외로움이 영원히 이어지는
광활한 길을 날아가지만
행복을 가져오지만
정작 자신은 머무를 곳
하나 없는 나비

주님이 온 후 서기와,
BC 서기 전을 통틀어
서리와 폭풍 후에도
여전히 남은 것은
존엄성인가
잔존물만큼
사랑하던 우리인가

- 「잔해」 전문

강지영이 이 시에서 주목하는 영역은 "잔해" 또는 "잔존물"과 관련된다. 이 시를 읽는 독자들은 남아있는 물건이나 물체 또는 흔적을 찾아봐야 한다. '잔해'나 '잔존물'로서의 물건, 물체, 흔적 등은 이번 작품에서 어떤 모습으로 구체화되는가? 이와 같은 질문을 향해서 시인은 "나비 같은 존재", "인간", "생명" 등의 어휘를 답변으로서 제시한다.

이 시에서 긴요한 역할을 담당하는 단어에는 "주님"이 있다. 예수(Jesus)와 같은 존재로서의 '주님'은 "우리"에게 마땅히 가야 할 길처럼 다가온다. 사람들은 빛나는 등불과 같은 '주님'을 통해서 "외로움"

의 함정을 벗어나야 하고, "행복"과 "사랑"의 가치를 찾아서 인간의 "존엄성"을 꽃피워야 한다. '행복', '사랑', '존엄성' 등은 우리에게 "남은 것"으로서의 진정한 잔해가 될 테다.

    나를 떠난 꽃잎이 바다 위에 떠다니네
    이토록 쓰릴 줄은
    절망하지 마세요
    밤이면 등대 빛이 물 위를 비추고
    그는 자세를 낮추고
    소용돌이치는 누군가의 마음을 들여다봐요

    그대가
    바다 한가운데에서
    세이지 향기를 맡게 해준다면
    바다 한가운데에서
    나뭇잎을 주울 수 있게 해준다면
    바다 한가운데에서
    태양 그림자에 나의 이름을 새겨준다면
    그는 진실한 내 사랑이라네

    고독을 밀고 나가며
    하얀 돛이 통과해요
    날이 밝아오면 붉은 태양의 파편이
    진주알로 변하고
    흐르고 흐르는 동안

잃어버린 것 하나 없어요
절망하지 마세요
잘 버텨왔기에
빛을 기다리던 아름다움이 깨어나고
드뷔시의 달빛처럼

― 「드뷔시의 달빛처럼」 전문

앞에서 점검한 시 「석양빛 자몽빛」에서 강지영은 "예술"을 언급한 바 있다. 그녀가 이번에 제시하는 시 「드뷔시의 달빛처럼」은 언어 예술로서의 시를 음악 예술로서 확장하는 남다른 시도이다.

이 시는 시적 화자 '나'와 "그" 또는 "그대"로 불리는 인물이 연주하는 피아노곡과 같다. 이번 시는 클로드 드뷔시(Claude Debussy)의 피아노 독주곡 〈달빛(Clair de Lune)〉을 닮았다. 강지영의 시에 등장하는 "바다", "등대 빛", "하얀 돛", "진주알" 등 '바다'와 관련된 일련의 어휘는 작품이 조성하는 세계와 그것의 분위기를 몽환적이고 환상적으로 변주한다. 그러므로 이 시를 읽는 독자들은 "고독"과 "절망"의 낭떠러지를 벗어나서 "사랑"과 "아름다움"의 정상(頂上)에 도달할 수 있을 것이다.

당신의 손을 잡고 싶어
줄곧 흘러 올라가며
아이처럼 웃었지
당신은 하늘이라는 그물임에도
나의 물결은 꽃보라처럼

시름 위에서 날아온 봄을
안고 싶다네

이 숨결을 가진 뒤로는 들을 수가 없네
당신의 내부에 있던 나,
내 날개에 금이 가던 날
나는 예전처럼 즐거워하지 않았네
당신은 의심을 드러내지 말라고 했네
신의 목소리가 어떠한 무게를 가졌는가
곧 사라져 버릴 욕망은 나를 얼리고
얼음 서리에 고독하게 찔린다
한때 붉은 별 검은 호수 옷을 입고
산들로 향하는 그 맑음에 머물렀다
당신은 허공을 드러낸다
타다 꺼지는 노 속을 드러낸다
야자나무 상처는
독의 덮개

그리움은 당신의 눈,
그 형상은 텅 빈 것 같아서
밤의 나비처럼 패배처럼
천국의 비둘기처럼
언제나 영혼을 깊이 덜어내고
언제나 나를 파고들어
석양이 향기를 따라 담아둔 화병
봄볕 한창인
이곳에 담긴 흐름을 따라서
나의 손에

당신이 끼워준

− 「반지」 전문

　시적 화자 '나'와 "당신"은 매우 긴밀한 관계의 사람들이다. "당신의 손을 잡고 싶어", "안고 싶다네", "당신의 내부에 있던 나" 등의 어구를 읽다 보면 '나'와 '당신'은 한 쌍의 연인(戀人)일 수 있다.
　'연인' 사이인 '나'와 '당신'의 관계가 항상 좋을 수는 없을 테다. 곧 "내 날개에 금이 가던 날/ 나는 예전처럼 즐거워하지 않았네", "당신은 허공을 드러낸다" 등의 시행(詩行)에는 '나'와 '당신' 사이의 아쉬운 거리감이 제시된다. 또한 "의심"이나 "상처" 또는 "고독하게 찔린다" 등의 표현은 두 사람 사이의 갈등 상황을 안내한다.
　그럼에도 불구하고, '나'와 '당신' 사이에는 "영혼"의 소통이 있다. "흐름", "흘러", "물결" 등 '흐름' 관련 어휘는 두 사람 사이의 지속적인 교감을 입증한다. 특히 작품의 후반부에 배치된 "나의 손에/ 당신이 끼워준"이라는 진술은 시의 제목인 「반지」와 흥미롭게 연결된다. 시의 본문과 제목의 이와 같은 자연스러운 연결은, 이 시의 독자들에게 신선한 읽는 맛을 제공할 것이다.

　　그대는 기쁨으로 온,
　　하지만 향기에 지나지 않아요
　　내가 꿈을 꾸듯 별이 물결치면
　　존재와 부재처럼
　　나는 섞이고 나는 사라집니다

나는 꿈꾸는 장미입니다

휑한 열망 속으로 화병에 담겨도
너무 찬란해서 지난밤이 남기고 간
별이 됩니다

물방울에 담긴 하늘 다이아몬드,
곧 사라질 듯한 시간을 음미하죠
오래된 이야기만
허물어지지 않는 곳에서
나는 다이아몬드처럼 쌓입니다

그대가 두고 간 것이
말라비틀어진 그리움뿐이라도
그리움 속을 날고 싶은 건 새가 아닙니다
나는 그저 꿈의 길에 수놓는 글처럼
그대의 마음에 두고 갑니다
나는 꿈꾸는 장미입니다

- 「Raffinée」 전문

어쩌면 이 시는 강지영의 시집에서 가장 매력적인 작품일 수 있다. 독자들의 관심을 이끄는 이 시의 매력은 어디에서 유래하는가? 시인은 이 시의 1연과 4연에서 "나는 꿈꾸는 장미입니다"라는 진술을 반복하는데, 이와 같은 반복적인 진술 앞에서 독자들을 스스로 '꿈꾸는 장미'로 변신한다. 강지영이 구사하는 시적 언어의 변신술(變身術)은 시적 화자 '나'는 물론이고 작품을 접하는 독자들에게도 감각적으로 적용됨으로써, 이 시를 거부할 수 없는 가편(佳篇)으로 이끄는 셈이다.

시적 화자 '나'와 "그대"는 이 시를 움직이는 두 인물로서 "기쁨", "열망", "그리움" 등 다양한 "마음"을 서로 교환한다. 두 사람은 "사라질 듯한 시간" 속에서 "사라집니다"라는 발언을 주고받기도 하지만, 그들에게는 "부재"를 뛰어넘어 "존재"를 지향하는 열정이 남아있다. "별"이나 "다이아몬드"가 발산하는 빛나는 밝음과도 같은 '나'와 '그대'의 열정은 우리들 영혼의 "향기"를 일깨운다는 점에서 기념비적이다.

3.

이 글에서 우리는 강지영의 시집 『7월의 양귀비』를 살피었다. 이 세상 모든 시인의 첫 시집은 특별하다. 강지영 시인의 첫 시집 역시 특별하다. 학원에서 학생들과 소통하고 교류하던 그녀는 시적인 재능을 발견하고 시작(詩作)에 몰두하였고, 마침내 시인으로서 등단하고 시집을 출간하기에 이르렀다.

강지영의 시집에서 눈에 띄는 요소들 중 하나는 '흐름'과 무관하지 않다. 「나는 시간이고 그는 흘러갔다」, 「흐르는 강물처럼」, 「시간의 흐름 사이」 등의 시들에는 작품의 제목에서부터 '흐름' 관련 표현들이 등장한다. 또한 「석양빛 자몽빛」, 「반지」 등의 시들에는 작품의 본문에 '흐름' 관련 표현들이 제시된다. 시인은 이와 같이 다수의 시들에서 '흐름'과 연결된 단어, 어구, 진술 등을 과감하게 사용한다.

강지영이 '흐름' 관련 표현들을 사용함으로써 독자들에게 전달하려는 메시지는 무엇인가? 강물이 흐르고, 시간이 흐르며, 사람도 흘러간다. 고정되어 있는 것은 없으며, 모든 것은 움직이고 변화한다. 엘리프 샤팍(Elif Shafak)은 흐름과 관련하여 다음과 같이 언급한 바 있다. "흐름에 따르지 마세요. 흐름이 되세요.(Do not go with the flow. Be the flow.)"

우리가 엘리프 샤팍의 진술에 공감한다면 강지영의 시 세계를 넓고 깊게 이해할 수 있을 것이다. 우리는 단순히 흐름을 따르는 삶을 지향하지 말고, 새로운 흐름 자체가 되는 삶을 지향해야 할 테다. 강지영의 시와 삶이, 그녀에게 펼쳐진 눈부신 앞날이 더욱 기대되는 이유가 바로 여기에 있다.

글로우문 시선 006
7월의 양귀비

2025년 7월 31일 초판 1쇄 발행

지은이 | 강지영
펴낸이 | 권용관
펴낸곳 | 글로우문
주　소 | 대전광역시 중구 유천로 102번길 53 101호
전　화 | 042-482-7470
팩　스 | 042-524-7470

출판등록 | 제 365 - 2024 - 0000004호
전자우편 | glowmoon0217@gmail.com
ⓒ 강지영, 2025
ISBN 979-11-987828-6-1

˚ 파본은 구입처에서 교환해 드립니다.
˚ 이 책 내용의 전부 또는 일부를 재사용하려면 저자와 글로우문 양측 동의를 받아야 합니다.